Makarand Paithankar

Fortalecimento das comunidades: Um estudo sobre grupos de autoajuda de mulheres

Makarand Paithankar

Fortalecimento das comunidades: Um estudo sobre grupos de autoajuda de mulheres

ScienciaScripts

Imprint

Cover image: www.ingimage.com

This book is a translation from the original published under ISBN 978-3-659-87628-8.

Publisher:
Sciencia Scripts
is a trademark of
Dodo Books Indian Ocean Ltd. and OmniScriptum S.R.L publishing group

120 High Road, East Finchley, London, N2 9ED, United Kingdom
Str. Armeneasca 28/1, office 1, Chisinau MD-2012, Republic of Moldova, Europe
Managing Directors: Ieva Konstantinova, Victoria Ursu
info@omniscriptum.com

Printed at: see last page
ISBN: 978-620-8-63281-6

Índice:

Reforço das comunidades: Um estudo de Grupos de autoajuda para mulheres

Makarand Arvind Paithankar

Reforço das comunidades: Um estudo de Grupos de autoajuda para mulheres

RECONHECIMENTO

É com imensa gratidão que reconheço o apoio concedido pelo Conselho Indiano de Investigação em Ciências Sociais, Nova Deli, por ter prestado assistência financeira ao meu projeto de investigação intitulado *"Strengthening Communities through Women's Self Help Groups: A Study of Marathwada Region of Maharashtra"* e, inclusivamente, por ter concedido uma prorrogação do prazo para a apresentação do projeto.

Aproveito esta oportunidade para agradecer à minha instituição e aos estimados membros da Saraswati Bhuvan Education Society, Aurangabad, pelo apoio e incentivo à promoção das actividades de investigação.

Os meus sinceros agradecimentos são devidos ao meu diretor e aos meus colegas, cujos valiosos contributos, perspectivas e ajuda enriqueceram o meu trabalho de investigação.

À minha família só posso dizer um profundo obrigado.

Dr. Makarand Arvind Paithankar

CAPÍTULO-I

INTRODUÇÃO

Os GAA tiveram origem no ano de 1975, no Bangladesh, e o mérito é de um empreendedor social, banqueiro, economista e líder da sociedade civil do Bangladesh Mohammed Yunus. Yunus fundou o banco Grameen e foi pioneiro nos conceitos de conceitos de microcrédito e microfinanciamento. Foi galardoado com o Prémio Nobel da Paz em 2006.[1] A fim de satisfazer as necessidades financeiras dos pobres, do sector informal e das zonas rurais, nos anos oitenta, o Governo da Índia promoveu a criação de um banco de topo O NABARD foi criado com base nas recomendações do Comité Shivaraman, (pela lei 61, 1981 do Parlamento) em 12 de julho de 1982 para implementar a Lei do *Banco Nacional National Bank for Agriculture and Rural Development Act 1981*[2] Substituiu o Departamento de Crédito Agrícola (ACD) e a Célula de Planeamento e Crédito Rural (RPCC) do Banco Central da Índia, e a Agricultural Refinance and e a Agricultural Refinance and Development Corporation (ARDC). É um dos principais organismos de concessão de crédito nas zonas rurais. O Nabard é o banco especializado da Índia. A NABARD começou então a a explorar métodos alternativos e inovadores para satisfazer as necessidades financeiras das populações dos pobres das zonas rurais. A NABARD iniciou em 1986-87, mas o verdadeiro esforço foi feito depois de 1991-92 para ligar os SHGs aos bancos. 1991-92 para ligar os SHGs aos bancos. Por outras palavras, o grupo de autoajuda (SHG) na Índia percorreu um longo caminho desde a sua criação em 1992. A A expansão dos GAA na Índia tem sido fenomenal. De acordo com Titus [(3),] registaram-se de 500 grupos em 1992 para cerca de 16, 18.456 grupos que que contraíram empréstimos junto dos bancos. Cerca de 24,25 milhões de famílias pobres obtiveram acesso ao sistema bancário formal através do programa de ligação SHG-banco e 90% destes grupos são apenas grupos de mulheres (NABARD2005) [4]. A página inicial do NABARD declara que mais de 400 mulheres aderem ao movimento SHG a cada hora e uma ONG adere ao programa de micro-finanças todos os dias. Existem também agências que fornecem fundos em massa ao sistema através das ONG. Assim, as as organizações envolvidas em actividades de microfinanças na Índia podem ser classificadas como grossistas, ONG de apoio, federações de GAA e ONG que vendem diretamente a retalho que concedem crédito diretamente a mutuários ou grupos de mutuários.

O microfinanciamento evoluiu ao longo do último quarto de século em toda a Índia para várias formas de funcionamento e com um grau de sucesso variável. Uma dessas formas de microfinanciamento foi o desenvolvimento do movimento de autoajuda. A sua premissa básica é o conceito de "autoajuda", pequenos grupos de mulheres que se formam em grupos de dez a vinte e operam um modelo de negócio em que as poupanças dos membros são utilizadas para financiar empréstimos. Os resultados destes grupos de autoajuda (SHGs) revelam potencial e são objeto de uma avaliação intensa, uma vez que estão a tornar-se um método eficaz de redução da pobreza

O surgimento dos grupos de interesse coletivo e de federações de grupos de interesse coletivo mais formais, juntamente com a ligação bancária dos grupos de interesse coletivo, criou uma nova forma de microfinanciamento para além das instituições de microfinanciamento (IMF). A política do Governo da Índia tem sido favorável ao crescimento do sector do microfinanciamento na Índia. Durante o Ano Internacional do Microcrédito, em 2005, o Governo da Índia e o Banco Central da Índia fizeram importantes anúncios políticos que resultaram num rápido crescimento. Os GAA espalharam-se rapidamente devido à sua facilidade de reprodução. A ligação bancária dos GAA permitiu que estes aumentassem a sua base de capital para financiar mais membros e projectos maiores. Atualmente, estima-se que existam pelo menos mais de 2 milhões de GAA na Índia. Em muitos estados indianos, os SHGs estão a ligar-se em rede em federações para alcançarem sustentabilidade institucional e financeira. Cumulativamente, 1,6 milhões de SHGs foram ligados a bancos com empréstimos acumulados de 69 mil milhões de rupias. Só em 2004-05, quase 800.000 SHGs estavam ligados ao banco e em 201112 eram 8 milhões (NABARD2012)[5].

Emergência

O período pós-nacionalização do sector bancário, por volta de 1969, testemunhou a afetação de um montante substancial de recursos para satisfazer as necessidades de crédito dos pobres. A estratégia de nacionalização dos bancos tinha vários objectivos, incluindo o alargamento do alcance dos serviços financeiros aos sectores negligenciados (Singh, 2005)[6]. Como resultado desta estratégia, a rede bancária passou por uma fase de expansão incomparável a que o mundo jamais assistiu. O crédito passou a ser reconhecido como uma panaceia para muitos dos males da pobreza. Os serviços financeiros a favor dos pobres, com o apoio dos governos estatal e central, proliferaram, incluindo esquemas e programas de crédito feitos à medida das necessidades dos pobres. Embora as intenções fossem boas e tenham sido alcançados progressos consideráveis, a disponibilidade de crédito para os pobres, e especialmente para as mulheres pobres, não era encorajadora. Esta situação exigia uma abordagem especializada, pelo que o Banco Nacional para a Agricultura e o Desenvolvimento Rural foi pioneiro neste domínio, tendo-lhe sido atribuídas tarefas como a formulação de políticas de crédito rural, a prestação de apoio técnico, a ajuda à liquidez dos bancos, a supervisão das instituições de crédito rural e outras iniciativas de desenvolvimento.

No início da década de 1980, o Governo da Índia lançou um vasto programa de crédito para a redução da pobreza, nomeadamente o Programa Integrado de Desenvolvimento Rural. O programa concedia crédito subsidiado aos pobres através dos bancos. Durante este período, a NABARD efectuou uma série de estudos de investigação independentes que demonstraram que, apesar de dispor de uma vasta rede, um grande número de pessoas mais pobres continuava a permanecer fora do âmbito do sistema bancário formal e o que era importante para eles era o acesso aos esquemas e programas e não o crédito subsidiado barato. Neste contexto, sentiu-se a necessidade de políticas, sistemas e procedimentos alternativos, produtos de poupança e de empréstimo, outros serviços complementares e novos mecanismos de distribuição, que servirão as necessidades dos pobres. A tónica foi obviamente colocada na melhoria do acesso às microfinanças e não apenas ao microcrédito. Em 1999, a GoI, através da fusão de vários programas e regimes de crédito, lançou um novo programa denominado *Swaranjayanti Gram Swarazagar Yojana* (SGSY). O seu objetivo era continuar a fornecer crédito subsidiado aos pobres através do sector bancário e criar autoemprego através de uma abordagem de grupo de autoajuda.

O movimento SHG

Embora não se possa dizer uma data definitiva para o início da conceção e propagação dos GAA, a prática de pequenos grupos de pessoas rurais e urbanas que se juntam para formar uma organização de poupança e crédito estava bem estabelecida na Índia. Nas fases iniciais, as ONG desempenharam um papel vital na popularização do modelo de GAA e na implementação do modelo para evoluir e desenvolver completamente o processo. Na década de 1980, o governo começou a envolver organizações da sociedade civil e banqueiros para explorar a possibilidade de promover grupos de poupança e crédito. Os seus esforços e o modelo simples e funcional dos SHGs ajudaram a espalhar o movimento por todo o país. Os governos estaduais criaram fundos de empréstimos rotativos que foram utilizados para financiar os GAA. Na década de 1990, os governos estatais e as ONG consideravam que os SHGs eram mais do que uma simples intermediação financeira, mas um grupo de interesse comum, que trabalhava também noutras preocupações do Estado.

A agenda dos SHGs incluía questões do domínio social e político. A expansão dos SHGs resultou na formação de Federações de SHGs que envolvem vários SHGs que se formam em Organizações de Aldeia (VO) / Federações de Clusters e depois, finalmente, em federações de nível superior. As Federações de GAA são instituições formais, enquanto os GAA são informais. Muitas destas federações de SHG estão registadas como sociedades, fundos de benefício mútuo e sociedades cooperativas de ajuda mútua.

As caraterísticas das Federações de SHG são

- Sensibilização política e potencial de defesa.
- Partilha de conhecimentos e experiências, portanto, replicada
- Vantagens do esforço coletivo
- Acesso a mais capital

Estrutura do GAA

Um SHG é um grupo de cerca de 10 a 20 pessoas, geralmente mulheres, de uma classe e região semelhantes, que se juntam para formar uma organização de poupança e crédito. Eles juntaram recursos financeiros para fazer pequenos empréstimos com juros aos seus membros. Este processo cria uma ética que privilegia a poupança. A definição dos termos e condições e a contabilidade do empréstimo são efectuadas no grupo por membros designados.

Objectivos dos grupos de autoajuda

Os objectivos dos GAA podem ser enumerados do seguinte modo

- Incutir nas mulheres o hábito de poupar
- Facilitar as medidas de reforço da confiança entre os beneficiários e os bancos
- Promover, fazer evoluir e beneficiar do valor da entreajuda manifestado pelo esforço de grupo para melhorar os problemas e o desenvolvimento das comunidades.

Caraterísticas dos grupos de autoajuda

- Inscrição limitada
- Interesse comum
- Relação interpessoal coesa
- Flexível e reativo
- Participativo
- Trabalho coletivo
- Consciência socioeconómica
- Aspirações e esforços de capacitação

Federação SHG

Como mencionado anteriormente, os SHGs também se federaram em organizações maiores. Normalmente, cerca de 15 a 50 SHGs formam um Cluster / VO com um ou dois representantes de cada SHG. Dependendo da geografia, vários clusters ou VOs juntam-se para formar um órgão de cúpula ou uma Federação de SHG. Ao nível do agrupamento e da federação, há empréstimos entre grupos, troca de ideias, partilha de custos e discussão de interesses comuns. Normalmente, existem vários subcomités que tratam de uma variedade de questões, incluindo a cobrança de empréstimos, a contabilidade e as questões sociais.

Ligação bancária SHG

Um marco notável no movimento dos GAA foi quando o NABARD lançou a fase piloto do programa de ligação bancária dos GAA em fevereiro de 1992. Este foi o primeiro caso de SHGs maduros que foram diretamente financiados por um banco comercial. Os grupos informais de poupança e de crédito dos pobres foram reconhecidos como clientes que podem ser financiados por um banco. Pouco depois, o RBI aconselhou os bancos comerciais a considerarem a possibilidade de concederem empréstimos aos GAA no âmbito das suas operações de crédito rural, criando assim a ligação bancária dos GAA. A ligação dos GAA ao sector financeiro foi positiva para ambas as partes. Os bancos obtiveram um enorme mercado, nomeadamente as famílias de baixos rendimentos, onde os custos de transação eram baixos e as taxas de reembolso eram elevadas. Os GAA puderam desenvolver as suas actividades com mais financiamento e tiveram acesso a mais produtos de crédito.

A formação de SHGs tem beneficiado os seus membros de várias formas; não só os bens, os rendimentos e as oportunidades de emprego para as mulheres, mas também a igualdade do estatuto das mulheres como participantes, decisoras e beneficiárias nas esferas democrática, económica, social e cultural da vida. Os princípios básicos dos SHGs são a abordagem de grupo, a confiança mútua, a organização de grupos pequenos e geríveis, a coesão do grupo, o espírito de parcimónia, o empréstimo baseado na procura, a ausência de garantias, o empréstimo favorável às mulheres, a pressão do grupo de pares para o reembolso, a formação de competências, o reforço das capacidades e o empoderamento.

O fenómeno SHG traz definitivamente às mulheres uma consciência de grupo, um sentimento de pertença e uma autoconfiança adequada. De facto, o que as mulheres não conseguem alcançar individualmente, podem-no fazer enquanto membros de um grupo com suficiente compreensão dos seus próprios direitos, papéis, privilégios e responsabilidades enquanto membros da comunidade. Por outras palavras, podemos dizer que o GAA é um instrumento eficaz para dar poder às mulheres a nível social e económico, o que, em última análise, contribui para o desenvolvimento global de um país como a Índia, onde um grande segmento da população feminina continua a ser desfavorecido, analfabeto, explorado e privado de direitos sociais e económicos básicos. A experiência de muitos países que aplicam os SHG como estratégia e abordagem eficazes é encorajadora. Os grupos *Grameen* no Bangladesh [7], *Harambee* no Quénia [8], *Tontines* ou *Hui* no Vietname [9], as cooperativas de crédito, os grupos de pescadores, os bancos de aldeia, os grupos de irrigação, etc. na Indonésia, os grupos de autoajuda (SHG) em países como a Tailândia, o Nepal, o Sri Lanka e a Índia são exemplos de histórias de sucesso de SHG. Não há dúvida de que os direitos fundamentais, os princípios diretores da política do Estado e os deveres fundamentais, etc. garantem um estatuto igual e uma proteção especial às mulheres, bem como oportunidades de desenvolvimento relacionadas com a igualdade, a autonomia e a autossuficiência a nível individual. Os SHGs, sendo centrados no grupo, conferem poder individual e coletivo através da melhoria da condição e da posição das mulheres. Atualmente, as mulheres na Índia estão mobilizadas para protestar contra a violência doméstica, o aumento dos preços, a discriminação legal, a violação, o casamento infantil, a violência doméstica, etc. Desta forma, o objetivo é dar às mulheres várias formas de poder. Vários factores e estratégias foram fornecidos pelos SHGs que tiveram um impacto positivo no empoderamento das mulheres. Os SHG são solidários, ajudam a equilibrar as responsabilidades familiares e empresariais, desenvolvem a liderança, a experiência na tomada de decisões e discutem questões sociais. Como resultado, o número de SHGs continua a aumentar.

Questões de SHG

As questões que podem comprometer o êxito dos GAA e pôr seriamente em perigo a sua sustentabilidade são a gestão financeira, a governação e os recursos humanos. A gestão financeira significa a gestão eficiente e eficaz do dinheiro (fundos) de forma a atingir os objectivos da organização. Verificou-se que a gestão financeira dos SHGs varia entre fraca e média. Será realmente possível que os membros do GAA, que são em grande parte analfabetos e que, no máximo, só sabem escrever o seu nome e ler os números, mantenham estes documentos? A experiência tem demonstrado que, quando um GAA se apercebe da importância de manter registos e documentos, está disposto a contratar e a pagar os serviços de uma pessoa alfabetizada da aldeia para o ajudar na manutenção dos registos. À medida que o GAA progride, recomenda-se que a auditoria anual das contas do GAA seja efectuada por contabilistas oficiais. Os controlos internos dos GAA e das federações de GAA não existem. Os controlos internos representam os sistemas e processos que gerem o fluxo de transacções diárias e garantem que as funções e responsabilidades são definidas e executadas para salvaguardar os activos. São eles o registo de admissão, o registo de presenças, o livro de actas, a caderneta de cada membro e os comprovativos de receitas e pagamentos. Muitos estudos indicaram que estes sistemas e processos foram mal definidos e mal executados pelos membros. Para além dos controlos internos, a forma como os GAA gerem os seus fluxos de caixa é especialmente importante. Uma vez que os GAA têm acesso a empréstimos externos através da Ligação Bancária dos GAA e depois emprestam esses fundos aos seus membros, houve casos de má gestão dos fluxos de tesouraria para reembolsar dívidas não só externas mas também internas. O risco de sobrealavancagem (endividamento excessivo) dos GAA é elevado.

Os grupos de autoajuda são a forma informal de organização, enquanto a federação de grupos de autoajuda é constituída por vários grupos informais. Os membros não têm experiência e educação para estabelecer, desenvolver, monitorizar e rever os mecanismos e processos formais necessários para uma boa governação. De facto, os membros não têm capacidade para cumprir os regulamentos legais. Com o número crescente de empréstimos feitos aos SHGs, é necessário um sistema sólido de governação para garantir a responsabilização.

As realizações das mulheres membros através da autoajuda conduziram a benefícios não só para as mulheres individuais e para os grupos de mulheres, mas também para as famílias e as comunidades. O funcionamento eficaz dos GAA exige competências de gestão e pessoal formado para a contabilidade e a governação, o que não existe. Trata-se de um domínio em que poderia ser solicitado o apoio de ONG.

No entanto, a situação dos GAA identifica os principais domínios de fraqueza que comprometem a sustentabilidade do movimento dos GAA. Nomeadamente, domínios como a gestão financeira, a governação e os recursos humanos são de qualidade fraca a média para a maioria dos GAA. Embora a expansão do movimento seja impressionante, estes são domínios fundamentais que têm de ser abordados para que qualquer intervenção externa seja eficaz. A formação de grupos de interesse comum constituídos principalmente por mulheres teve um impacto substancial nas suas vidas.

CAPÍTULO- II

ALCANCE

A análise dos dados da investigação mostra claramente a perspetiva regional e individual do ambiente sócio-político e económico, a base de apoio dos SHG e o seu contexto. A amostra é constituída por 500 mulheres membros de diferentes SHG da região de Marathwada do Estado de Maharashtra.

Método estatístico:

Uma vez que os dados recolhidos são dados não paramétricos, é utilizado o teste do qui-quadrado.

O qui-quadrado é calculado com a seguinte fórmula,

/2=1 (Oij- Eij) 2/ Eij

O esquema de investigação é categorizado e representado da seguinte forma

ALCANCE

Alcance é ultrapassar o alcance, ir além, alcançar ou fazer alcançar, o ato ou processo de alcançar o comprimento ou extensão do alcance, esforço sistemático para fornecer ajuda não solicitada e predefinida a grupos ou indivíduos considerados necessitados. A sensibilização é uma atividade que consiste em prestar serviços a populações que, de outro modo, não teriam acesso a esses serviços. Para além da prestação de serviços, a sensibilização tem um papel educativo, aumentando a consciência dos serviços existentes. A ação de proximidade destina-se muitas vezes a colmatar as lacunas dos serviços prestados pelos serviços governamentais e é frequentemente levada a cabo por organizações não governamentais sem fins lucrativos. Nesta tentativa, procura-se encontrar respostas para a pergunta de investigação relativa aos membros do SHG, como por exemplo, quantos membros existem no SHG. Qual é o seu estado civil? Qual é a religião, a casta, o nível de instrução, a profissão e a habitação dos membros do GAA? Quais são as razões para aderir, não aderir e abandonar o GAA?

Os dados são tabulados, apresentando as respostas globais e a percentagem dos inquiridos, seguidos de um quadro de análise estatística utilizando o teste do qui-quadrado.

A dimensão dos membros do GAA

A fim de evitar o requisito legal de registo ao abrigo da Lei das Sociedades, o NABARD especificou que o SHG não deve ser composto por mais de 20 membros. Para além disso, se o número for inferior a 20, será possível gerir um grupo de forma eficiente e eficaz. O número de membros do SHG a que pertencem os inquiridos é o seguinte

Quadro n.º 2.1

Sr.No.	Dimensão dos membros do GAA	Total de inquiridos	% de inquiridos
1	12 membros SHG	20	4
2	13 Membros SHG	40	8
3	14 Membros SHG	100	20
4	15 membros SHG	170	34
5	16 membros SHG	90	18
6	17 Membros SHG	35	7
7	18 membros SHG	45	9
8	19 Membros SHG	-	-
9	20 membros SHG	-	-
Total		500	100

Membros do GAA dos inquiridos

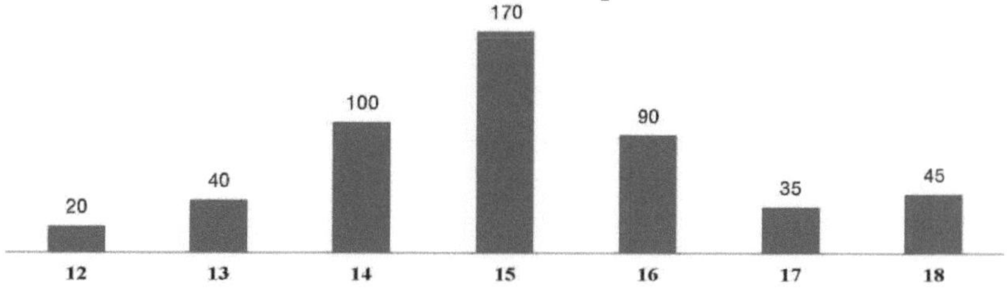

Sr.No.	Observado N	Esperado N	Residual
1	20	71.4	-51.4
2	40	71.4	-31.4
3	100	71.4	28.6
4	170	71.4	98.6
5	90	71.4	18.6
6	35	71.4	-36.4
7	45	71.4	-26.4
Total	500		

O valor da tabela de χ^2 para 6 graus de liberdade a um nível de significância de 0,05 12.592. O valor calculado de χ^2 é 2,315, que é inferior ao valor da tabela. Por conseguinte, é evidente, a partir da conclusão estatística, que não existe uma diferença significativa no que respeita à dimensão dos membros dos GAA.

Estado civil dos inquiridos

O estado civil dos membros do GAA verificado durante o estudo é o

Quadro n.º 2, 2

Sr.No.	Estado civil	Total	% de inquiridos
1	Solteiro	60	12
2	Casado	405	81
3	Viúva	30	6
4	Divorciado	5	1
Total		500	100

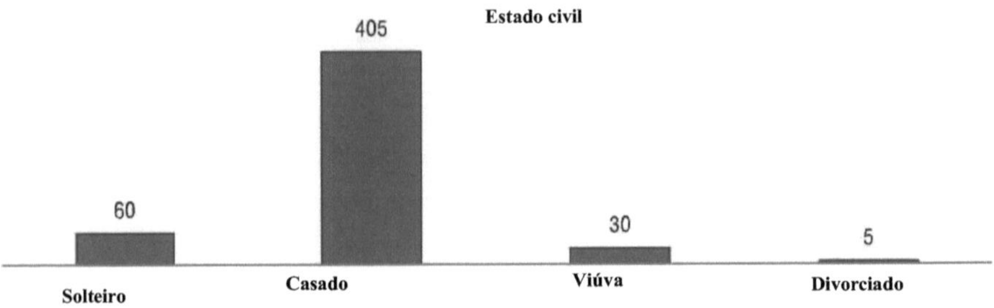

Sr.No.	Observado N	Esperado N	Residual
1	60	125.0	-65.0
2	404	125.0	279.0
3	30	125.0	-95.0
4	6	125.0	-119.0
Total	500		

O valor de tabela de χ^2 para 3 graus de liberdade a um nível de significância de 0,05 é 7,815. O valor calculado de χ^2 é 8,420, que é superior ao valor da tabela. Por conseguinte, é evidente, a partir da conclusão estatística, que existe uma diferença significativa entre o estado civil dos inquiridos.

No que diz respeito ao estado civil, os inquiridos eram solteiros, casados, viúvos ou divorciados. A grande maioria (405) dos inquiridos era casada. No caso da categoria de solteiras, 60 das 500 mulheres membros eram solteiras, o que pode resultar na interrupção da filiação quando se casarem e deixarem o local. Parece que há dificuldade em arranjar membros adequados para o SHG e, por isso, por vezes, as mulheres solteiras tornam-se membros, uma vez que existe um requisito para serem membros. Esta é a razão pela qual, embora as mulheres casadas sejam preferidas para serem membros do GAA, as solteiras que gerem a família também são incluídas.

Religião e casta dos membros do GAA

A religião na Índia é caracterizada por uma diversidade de crenças e práticas religiosas. A Índia é o berço do hinduísmo, do budismo, do jainismo e do sikhismo. Ao longo da história da Índia, a religião tem sido uma parte importante da cultura do país. A diversidade religiosa e a tolerância religiosa estão consagradas na lei e nos costumes do país. De acordo com o recenseamento de 2001, 80,5% da população indiana pratica o hinduísmo. O Islão (13,4%), o Cristianismo (2,3%), o Sikhismo (1,9%), o Budismo (0,8%) e o Jainismo (0,4%) são as outras grandes religiões seguidas pela população indiana.[10] Existem também numerosas tradições tribais menores, embora estas tenham sido afectadas pelas grandes religiões, como o Hinduísmo, o Budismo e o Cristianismo. A quantidade de diversidade nos sistemas de crenças religiosas da Índia atual é o resultado da existência de muitas religiões nativas e também da assimilação e integração social de religiões trazidas para a região por viajantes, imigrantes, comerciantes e até invasores e conquistadores como os Mughals. A religião na Índia está a ter uma dimensão de conflito e de cooperação no processo de desenvolvimento. Na Índia, o sistema de castas é um sistema de estratificação social que é agora também utilizado como base para a ação afirmativa. A casta é um fator social importante na nossa sociedade, que tem muitas implicações socioeconómicas e políticas. Por conseguinte, a distribuição dos membros do GAA em função da casta foi considerada importante para este estudo. Para isso, foram tidos em conta grupos de castas bem reconhecidos de Maharashtra, que incluem a Casta Registada (59 castas com convertidos ao Budismo), a Tribo Registada (47 tribos), outras castas atrasadas (346 castas), castas especiais

[11] A religião e a distribuição por castas dos membros dos GAA são as seguintes

Quadro n.º 2.3

Sr.No.	Religião	Total	% de inquiridos
1	Budismo	307	61.4
2	Hinduísmo	151	30.2
3	Islão	28	5.6
4	Jainismo	-	-
5	cristão	14	2.8
6	Sikhismo	-	-
Total		500	100

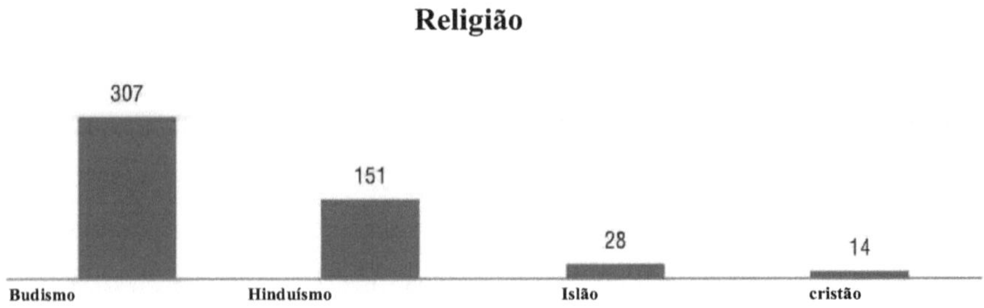

Sr.No.	Observado N	Esperado N	Residual
1	307	125.0	182.0
2	151	125.0	26.0
3	27	125.0	-98.0
5	15	125.0	-110.0
Total	500		

O valor de tabela de χ^2 para 3 graus de liberdade a um nível de significância de 0,05 é 7,815. O valor calculado de χ^2 é 4,440, que é inferior ao valor da tabela. Por conseguinte, é evidente, a partir da conclusão estatística, que não existe uma diferença significativa entre as religiões dos inquiridos.

Quadro n.º 2,4

Sr.No.	Casta	Total	% de inquiridos
1	Casta Registada	334	66.8
2	OBC	37	7.4
3	SBC	-	-
4	VJNT	44	8.8
5	ST	13	2.6
6	ABERTO	72	14.4
Total		500	100

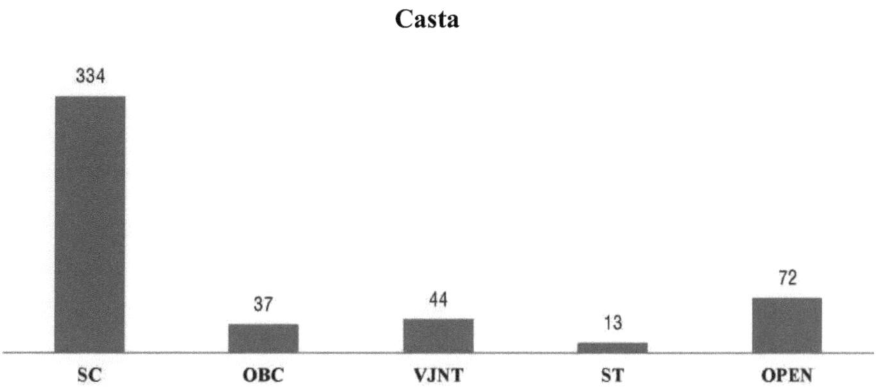

Sr.No.	Observado N	Esperado N	Residual
1	334	100.0	234.0
2	36	100.0	-64.0
4	44	100.0	-56.0
5	13	100.0	-87.0
6	73	100.0	-27.0
Total	500		

O valor de tabela de χ^2 para 3 graus de liberdade a um nível de significância de 0,05 é 9,488. O valor calculado de χ^2 é 7,029, que é inferior ao valor da tabela. Por conseguinte, é evidente, a partir da conclusão estatística, que não existe uma diferença significativa entre as categorias de castas dos inquiridos.

Educação formal dos inquiridos

A educação formal dos membros do GAA é vital para o funcionamento geral do GAA. A educação terá impacto na manutenção de registos, contas, implementação de esquemas de desenvolvimento, ligação com bancos, etc. Embora a NABARD não tenha prescrito nenhuma qualificação específica em termos de educação, é importante que os membros do GAA compreendam a importância do desenvolvimento e da melhoria dos problemas da pobreza. É animador constatar que as mulheres membros não ficaram muito atrás em termos de educação, como se pode ver no quadro seguinte, uma grande maioria dos membros dos SHGs tinha educação e, pelo menos, era alfabetizada.

Quadro n.º 2,5

Sr.No.	Nível de escolaridade	Total	% de inquiridos
1	Analfabeto	123	24.6
2	Alfabetizado	178	35.6
3	Escola secundária	152	30.4
4	Graduação	47	9.4
Total		500	100

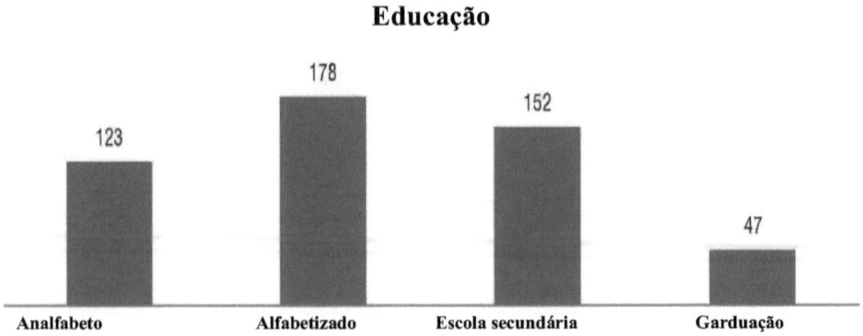

Sr.No.	Observado N	Esperado N	Residual
1	123	125.0	-2.0
2	178	125.0	53.0
3	152	125.0	27.0
4	47	125.0	-78.0
Total	500		

O valor de tabela de χ^2 para 3 graus de liberdade a um nível de significância de 0,05 é 7,815. O valor calculado de χ^2 é 77,008, que é superior ao valor da tabela. Por conseguinte, é evidente, a partir da constatação estatística, que existe uma diferença significativa entre o nível de instrução dos inquiridos.

Ocupação dos membros do GAA

A profissão reflecte a base da cultura socioeconómica prevalecente na sociedade indiana. Embora a maioria das mulheres na Índia trabalhe e contribua para a economia de uma forma ou de outra, grande parte do seu trabalho não está documentado ou contabilizado nas estatísticas oficiais. As mulheres lavram os campos e colhem as colheitas nas explorações agrícolas, tecem e fazem artesanato nas indústrias domésticas, vendem alimentos e apanham lenha no sector informal. Além disso, as mulheres são tradicionalmente responsáveis pelas tarefas domésticas diárias (por exemplo, cozinhar, ir buscar água e cuidar das crianças). Embora as restrições culturais que as mulheres enfrentam estejam a mudar, elas ainda não são tão livres como os homens para participar na economia formal. Antes da formação dos SHGs, a maioria das mulheres continuava a ser dona de casa e o seu envolvimento em actividades económicas era muito reduzido. A principal ocupação era a agricultura, os negócios, os trabalhadores qualificados, os trabalhadores não qualificados, etc. A melhoria do estatuto profissional das mulheres após os GAA é apresentada no quadro seguinte.

Quadro n.º 2,6

Sr.No.	Ocupação	Total	% de inquiridos
1	Agricultura	58	11.6
2	Negócios	65	13.0
3	Trabalhador qualificado	21	4.2
4	Trabalhador não qualificado	54	10.8
5	Dona de casa	239	47.8
6	Outros	63	12.6
Total		500	100

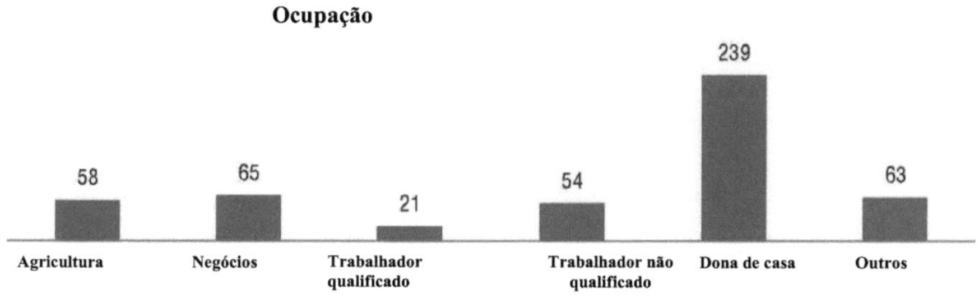

Sr.No.	Observado N	Esperado N	Residual
1	58	83.3	-25.3
2	65	83.3	-18.3
3	20	83.3	-63.3
4	55	83.3	-28.3
5	239	83.3	155.7

6	63	83.3	-20.3
Total	500		

O valor da tabela de χ^2 para 3 graus de liberdade a um nível de significância de 0,05 é 11.070. O valor calculado de χ^2 é 3,652, que é inferior ao valor da tabela. Por conseguinte, a conclusão estatística revela claramente que não existe uma diferença significativa entre as profissões dos inquiridos.

Alojamento dos membros do GAA

Viver em condições de habitação satisfatórias é um dos aspectos mais importantes da vida das pessoas. A habitação é essencial para satisfazer as necessidades básicas, como o abrigo, mas não é apenas uma questão de quatro paredes e um teto. A habitação deve oferecer um lugar para dormir e descansar, onde as pessoas se sintam seguras e tenham privacidade e espaço pessoal; um lugar onde possam criar uma família.[12] É um indicador para avaliar o estatuto económico, examinar as condições de vida, como o número médio de quartos partilhados por pessoa e se as habitações têm acesso a instalações básicas, uma vez que as condições de vida densas são frequentemente um sinal de abastecimento inadequado de água e esgotos. Durante o inquérito, verificou-se que os membros do GAA que possuíam casa própria eram 341 (68,2%), enquanto 159 (31,8%) residiam em abrigos alugados. Os dados sobre o número de divisões nas habitações dos membros do GAA são os seguintes

Quadro n.º 2,7

Sr.No.	Alojamento por quarto	Total	% de inquiridos
1	1-2	231	46.2
2	3-4	249	49.8
3	5 e mais	20	4.0
Total		500	100

Habitação

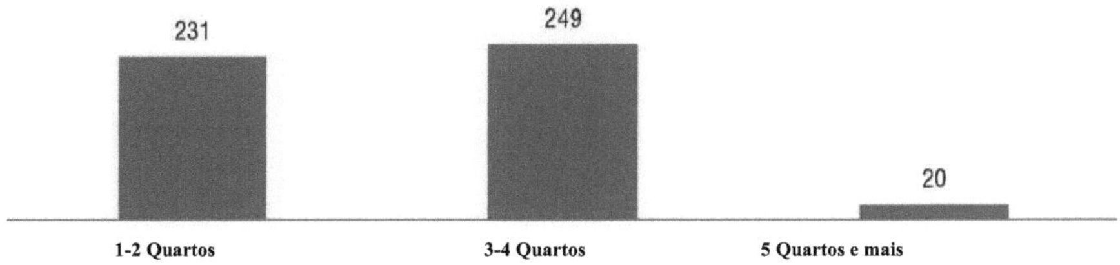

Sr.No.	Observado N	Esperado N	Residual
1	238	166.7	71.3
2	242	166.7	75.3
3	20	166.7	-146.7
Total	500		

O valor de tabela de χ^2 para 3 graus de liberdade a um nível de significância de 0,05 é 7,815. O valor calculado de χ^2 é 1,936, que é inferior ao valor da tabela.
Por conseguinte, os resultados estatísticos mostram claramente que não existe uma diferença significativa entre as habitações dos inquiridos por divisão.

Razões para aderir ao GAA

O autoemprego através da organização dos pobres em SHGs é a estratégia do governo e das organizações não governamentais para a redução da pobreza. Embora o alívio da pobreza seja o principal objetivo, as razões citadas pelos membros para aderir aos SHG são principalmente para obter empréstimos, pagar dívidas, despesas como hospital/casamento. Os dados são representados da seguinte forma

Quadro n.º 2.8

Sr.No.	Razões para aderir ao GAA	Total	% de inquiridos
1	Obter empréstimos	315	63
2	Fazer poupanças	41	8.2
3	Estado	27	5.4
4	Reembolsar dívidas	62	12.4
5	Conhecer as despesas do casamento/hospital/etc	55	11
Total		500	100

Sr.No.	Observado N	Esperado N	Residual
1	315	100.0	215.0
2	41	100.0	-59.0
3	27	100.0	-73.0
4	62	100.0	-38.0
5	55	100.0	-45.0
Total	500		

O valor de tabela de χ^2 para 4 graus de liberdade a um nível de significância de 0,05 é 9,488. O valor calculado de χ^2 é 5,850 que é menor do que o valor da tabela. Assim, é claro a partir da descoberta estatística que não existe diferença significativa na razão para aderir ao SHG pelos inquiridos.

Razões para não aderir ao GAA

Embora o SHG seja um meio importante aceite pelo governo e pelas ONG, ainda há muitos que, mesmo sendo elegíveis para se tornarem membros do SHG, não aderiram ao movimento devido às limitações do sistema SHG. As razões para a sua exclusão estão representadas nos seguintes dados.

Quadro n.º 2,9

Sr.No.	Razões para não aderir ao GAA	% de inquiridos
1	Falta de sensibilização	59.4
2	Documentação inadequada	6.2
3	Não permitido pela família e pelo marido	24.8
4	Os membros existentes não podem aderir	9.6
Total		100

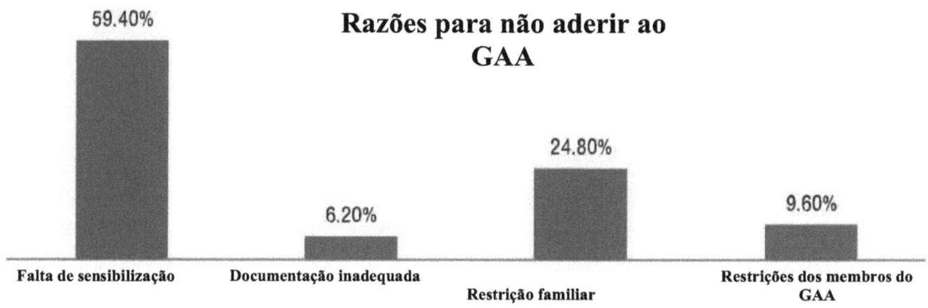

Sr.No.	Observado N	Esperado N	Residual
1	297	125.0	172.0
2	31	125.0	-94.0
3	124	125.0	-1.0
4	48	125.0	-77.0
Total	500		

O valor de tabela de χ^2 para 3 graus de liberdade a um nível de significância de 0,05 é 7,815. O valor calculado de χ^2 é 3,548, que é inferior ao valor da tabela. Assim, é claro a partir da descoberta estatística que não existe diferença significativa na razão para não se juntar ao SHG pelos inquiridos.

Razões para o abandono do GAA

Há um abandono considerável, como se pode constatar em vários debates sobre os GAA, mas é mais uma questão de conjetura. A capacitação económica das mulheres foi considerada como uma das principais razões para aderir aos GAA. Mas as restrições financeiras também foram consideradas como um fator importante para os membros abandonarem os GAA. Os incumpridores no pagamento do empréstimo acabam normalmente por não pagar juros e abandonam o projeto. A principal razão citada pelos inquiridos para o abandono é a migração, o que só mostra a incerteza nas condições de subsistência em áreas onde as condições de geração de rendimentos são escassas, como em Marathwada.

Quadro n.º 2.10

Sr.No.	Razões para o abandono do GAA	% de inquiridos
1	Migração por motivos profissionais	59
2	Casamento	31
3	Contabilidade deficiente	2
4	Reuniões e regras do grupo inconvenientes	1
5	Outros problemas (doença prolongada, falta de emprego ou morte na família)	7
Total		100

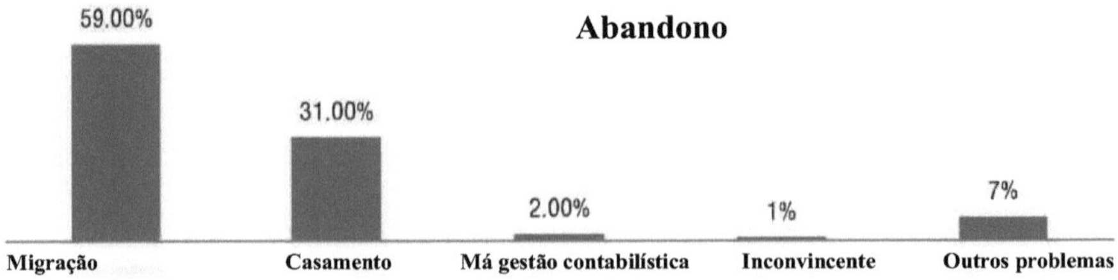

Sr.No.	Observado N	Esperado N	Residual
1	295	100.0	195.0
2	155	100.0	55.0
3	10	100.0	-90.0
4	5	100.0	-95.0
5	35	100.0	-65.0
Total	500		

O valor da tabela de χ^2 para 4 graus de liberdade a um nível de significância de 0,05 é 9.488. O valor calculado de χ^2 é 6,240 que é inferior ao valor da tabela. Assim, é claro a partir da descoberta estatística que não existe diferença significativa na razão para as desistências do SHG.

CAPÍTULO III
ECOLOGIA

Participação no processo político

Depois dos bancos cooperativos e das sociedades de crédito, os políticos voltaram-se agora para os grupos de autoajuda (GAA) para chegarem às massas. Até agora, a criação destes grupos era vista como um instrumento para dar poder às mulheres, melhorando o seu estatuto económico. Os grupos de autoajuda fazem parte do nível de base e dão fácil acesso aos partidos políticos para chegarem às massas. Existe sempre o receio de que o movimento dos GAA possa ser afetado se for explorado pelos partidos políticos. Os GAA têm de participar cuidadosamente nas actividades políticas. Alguns acreditam que não há mal nenhum em os GAA participarem no processo político, uma vez que o objetivo dos GAA é dar poder aos pobres e a sua participação na política deve ser vista como uma oportunidade para se aproximarem do poder ou fazerem parte dele. A opinião dos membros do GAA é a seguinte

Quadro n.º 3.1

Sr.No.	Participação política	Total	% de inquiridos
1	SIM	319	63.8
2	NÃO	37	7.4
3	NÃO PODE DIZER	144	28.8
Total		500	100

Sr.No.	Observado N	Esperado N	Residual
1	319	166.7	152.3
2	37	166.7	-129.7
3	144	166.7	-22.7
Total	500		

O valor de tabela de χ^2 para 2 graus de liberdade a um nível de significância de 0,05 é 5,991. O valor calculado de χ^2 é 2,432, que é inferior ao valor da tabela. Por conseguinte, é evidente, a partir da conclusão estatística, que não existe uma diferença significativa na participação política dos inquiridos.

Natureza da participação política

Um dos principais benefícios dos SHGs é o empoderamento das mulheres e isso pode ser visto no número de mulheres envolvidas em assuntos públicos. Embora o número de mulheres efetivamente envolvidas na política seja ainda muito baixo, a investigação indicou que, das mulheres que se candidataram a eleições, mais de 70% ganharam o seu lugar (APMAS, 2005). Mas a tendência está definitivamente a aumentar. A sua presença hoje em dia está a afetar a perceção das mulheres e do seu papel na arena política. Elas estão a ser reconhecidas como um grupo importante com sérias preocupações. O papel dos SHGs é tanto de inspiração como de financiamento. As mulheres empobrecidas desenvolvem mais competências linguísticas e financeiras através dos GAA, o que lhes permite adquirir níveis mais elevados de confiança para se envolverem no mundo. Os GAA não só dão poder aos seus membros, como também exercem um poderoso papel político enquanto grupo

Quadro n.º 3.2

Sr.No.	Natureza da participação política	% de inquiridos
1	Reuniões de Panchayats de aldeia, Gram Sabhas	17.8
2	Nas eleições - como eleitor	100
3	Candidato - eleição local/membro eleito	47.8

Natureza da participação política

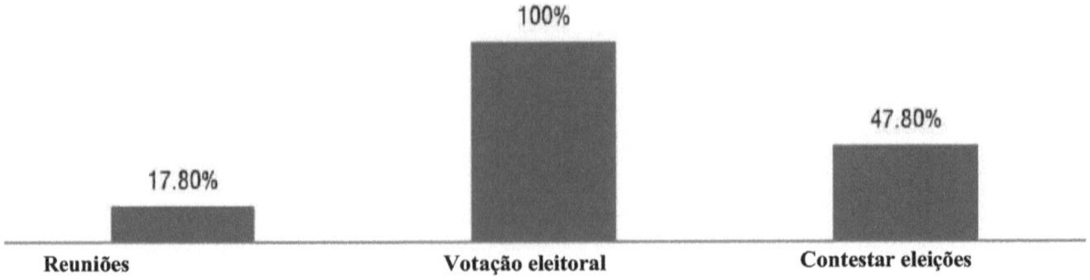

Sr.No.	Observado N	Esperado N	Residual
1	88	166.7	-78.7
2	172	166.7	5.3
3	240	166.7	73.3
Total	500		

O valor de tabela de χ^2 para 2 graus de liberdade a um nível de significância de 0,05 é 5,991. O valor calculado de χ^2 é 69,568, que é mais do que o valor da tabela. Por conseguinte, é evidente, a partir da conclusão estatística, que existe uma diferença significativa na natureza da participação política dos inquiridos.

Capacitação política

Um grande número de grupos de autoajuda é chamado a desempenhar este papel, sendo assim suposto apoiar o processo de descentralização na Índia. Esta abordagem deve favorecer o empowerment "político", ou seja, o envolvimento nas instituições políticas locais, a participação em manifestações públicas, os protestos em defesa dos direitos individuais, a pressão sobre os poderes públicos, etc. É importante notar que a mobilização espontânea é excecional. Muitos dos GAA envolvem-se quando recebem uma oferta de apoio adaptado na gestão de bens comuns à escala local, em grupos de supervisão de obras de interesse público, em acções de protesto para obter serviços básicos ou ainda em assembleias locais resultantes da descentralização. Esta forma de ação colectiva frágil resulta em falta de transparência, má gestão, conflitos com homens ou com outras comunidades e exploração por partidos políticos.

Quadro n.º 3,3

Sr.No.	Capacitação política	% de inquiridos
1	Participação nas instituições políticas locais	23.4
2	Participação em manifestações públicas	64.8
3	Protestos a favor dos direitos individuais	47.3
4	O lobbying das autoridades públicas	21.6

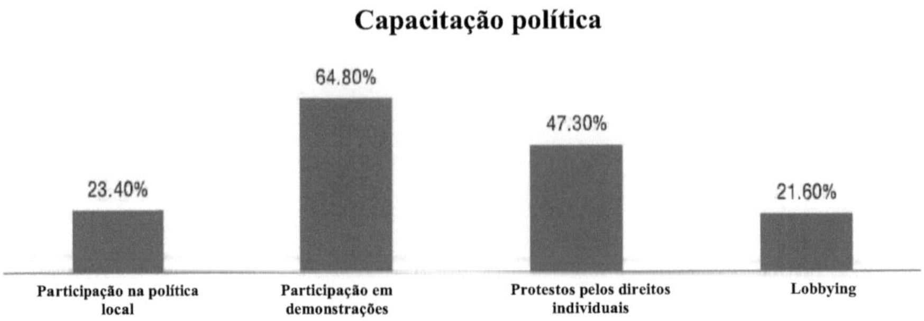

Sr.No.	Observado N	Esperado N	Residual
1	118	125.0	-7.0
2	112	125.0	-13.0
3	162	125.0	37.0
4	108	125.0	-17.0
Total	500		

O valor da tabela de χ^2 para 3 graus de liberdade a um nível de significância de 0,05 é 7.815. O valor calculado de χ^2 é 15,008, que é superior ao valor da tabela. Por conseguinte, é evidente, a partir da conclusão estatística, que existe uma diferença significativa na capacitação política dos inquiridos.

Membros do GAA sobre questões de carácter cívico

A participação política, especialmente a nível local, tem sido considerada um fator essencial para o empoderamento das mulheres. Na Índia, o governo adoptou legislação para garantir a reserva de lugares para as mulheres nas instituições locais. Os inquiridos dos GAA revelaram uma maior sensibilização para a existência de reservas para as mulheres na administração local e no emprego, bem como um maior nível de participação na política local. Há uma sensibilização notável para as questões de natureza cívica que constrói a comunidade

A participação política nas instituições políticas locais não se reflecte automaticamente a nível nacional e também não é automaticamente suficiente para definir o empoderamento. A participação política nas instituições políticas locais não se reflecte automaticamente a nível nacional e também não é automaticamente suficiente para definir o empoderamento

Quadro n.º 3.4

Sr.No.	Contribuição para questões cívicas	% de inquiridos
1	Emissão de cartões de racionamento	17.8
2	Colocação de estradas de pucca	23.6
3	Construção de escola, PHC	21.7
4	Abastecimento de água potável	61.6
5	Remoção de lixo	63.1
6	Assegurar a correta aplicação dos regimes	62.7

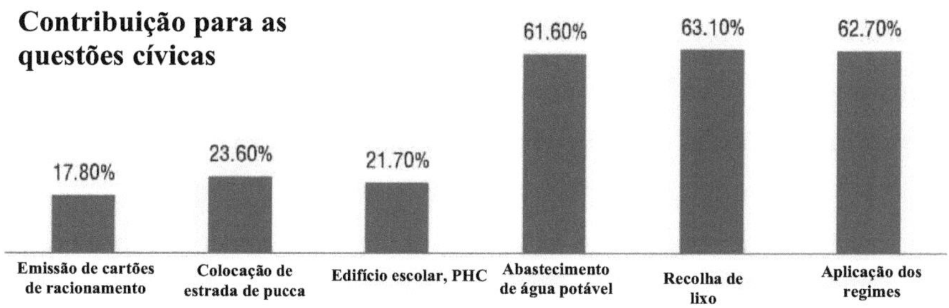

Sr.No.	Observado N	Esperado N	Residual
1	89	83.3	5.7
2	118	83.3	34.7
3	108	83.3	24.7
4	61	83.3	-22.3
5	62	83.3	-21.3
6	62	83.3	-21.3
	500		

O valor da tabela de χ^2 para 5 graus de liberdade a um nível de significância de 0,05 é 11.070. O valor calculado de χ^2 é 39,016, que é superior ao valor da tabela. Por conseguinte, as conclusões estatísticas mostram claramente que existe uma diferença significativa na contribuição dos inquiridos para as questões cívicas.

Sensibilização para os males sociais

Na Índia, os homens são considerados muito superiores às mulheres em todos os domínios. Desde há muito tempo que se pensa que as mulheres são as que têm de trabalhar em casa e tomar conta da família. Há muitas religiões e castas na Índia que obrigam as mulheres a cobrir o rosto e a cabeça quando saem. Continuam a ser tratadas como inferiores aos homens. A discriminação de género deu origem a muitos outros tipos de discriminação e a outros males, como o assédio e a discriminação salarial. As mulheres não recebem salários iguais pelo mesmo trabalho que os homens. A educação das raparigas continua a não ser considerada importante em muitas partes do país.

Devido ao sistema de dote na sociedade indiana, nasceram muitos outros males sociais. As crianças do sexo feminino são negligenciadas, o aborto seletivo em função do sexo é também o principal resultado do sistema de dote. Os pais não gastam dinheiro para ensinar as suas filhas, pois pensam que terão de pagar esse dinheiro no futuro, quando a sua filha se casar. A mulher é uma desgraça na sociedade indiana. A rapariga é considerada um fardo para a família e, por isso, as pessoas fazem abortos selectivos. Infanticídio significa matar a criança intencionalmente. Embora o infanticídio feminino e o feticídio feminino não sejam legais na Índia, continuam a ser praticados em muitas partes do país. As crianças são exploradas e obrigadas a trabalhar em fábricas e lojas. Como os pais não são suficientemente ricos para satisfazer as necessidades básicas da família ou não querem trabalhar, obrigam as crianças a trabalhar. Existem regras e leis para acabar com a exploração infantil, mas ainda há muito a fazer. Na Índia, a maioria das mulheres é vítima de violência doméstica, assédio, tortura e provocação das vésperas, e têm medo de andar sozinhas nas ruas. Foram aprovados vários actos e leis, mas mesmo assim elas não se sentem seguras.

As mulheres dos grupos de autoajuda estão plenamente conscientes dos males sociais, tais como a discriminação entre os sexos, as atrocidades, etc. Os grupos de autoajuda participaram ativamente na oratória, em peças de rua, em protestos, em *dharnas*, etc., para mostrarem a sua sensibilização para os problemas que afligem a sociedade.

Quadro n.º 3,5

Sr.No.	Esforços para melhorar os males sociais	% de inquiridos
1	Infanticídio feminino e feticídio feminino	69
2	Dote	67
3	Trabalho infantil e exploração	42
4	O alcoolismo do marido	53
5	Violência doméstica	29

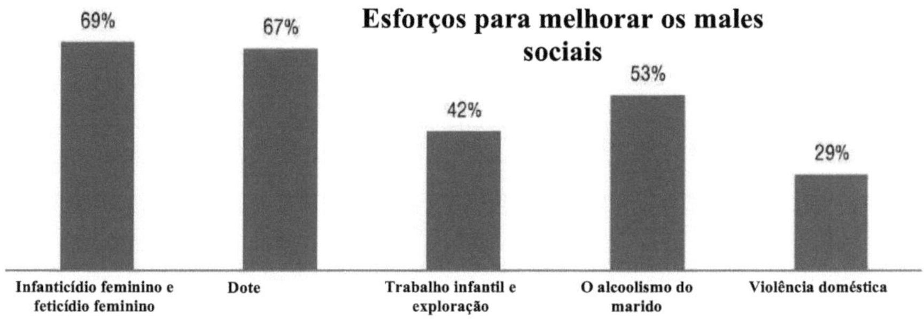

Sr.No.	Observado N	Esperado N	Residual
1	118	100.0	18.0
2	115	100.0	15.0
3	61	100.0	-39.0
4	60	100.0	-40.0
5	146	100.0	46.0
	500		

O valor da tabela de χ^2 para 4 graus de liberdade a um nível de significância de 0,05 é 9.488. O valor calculado de χ^2 é 57,860, que é superior ao valor da tabela. Por conseguinte, é evidente, a partir da conclusão estatística, que existe uma diferença significativa nos esforços dos inquiridos para melhorar os males sociais.

Poupança dos membros do GAA

Os pobres precisam de ter acesso a serviços financeiros para criar fontes de subsistência diversificadas e fiáveis, que os ajudem a sair da pobreza. Poupar é simplesmente guardar algo para o consumo atual. As pessoas pobres precisam muito de poupar. Os seus rendimentos são pequenos e, muitas vezes, irregulares e pouco fiáveis e são gastos quase imediatamente em artigos como comida, água e combustível para cozinhar. O perfil de poupança dos membros do GAA é o seguinte

Quadro n.º 3.6

Sr.No.	Perfil de poupança (em Rs./mês)	Total	% de inquiridos
1	Até 100	238	47.6
2	101 a 200	142	28.4
3	201 a 300	87	17.4
4	301 e superior	33	6.6
Total		500	100

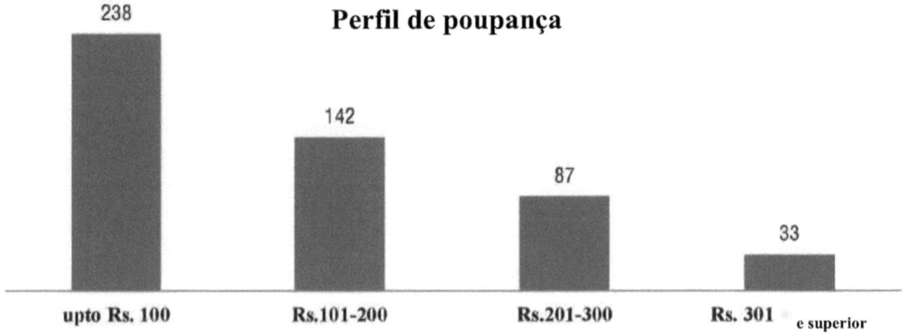

Sr.No.	Observado N	Esperado N	Residual
1	237	125.0	112.0
2	142	125.0	17.0
3	87	125.0	-38.0
4	34	125.0	-91.0
Total	500		

O valor da tabela de χ^2 para 3 graus de liberdade a um nível de significância de 0,05 é 7.815. O valor calculado de χ^2 é 1,805, que é inferior ao valor da tabela.

Por conseguinte, os resultados estatísticos mostram claramente que não existe uma diferença significativa no perfil de poupança dos inquiridos.

Empréstimo de SHGs

Os membros do GAA podem iniciar uma atividade geradora de rendimentos. O empréstimo recebido pelos membros do GAA é o seguinte

Quadro n.º 3,7

Sr.No.	Montante do empréstimo (em Rs.)	Total	% de inquirido
1	Até 25000	87	17.4
2	25001 a 50000	216	43.2
3	50001 a 75000	181	36.2
4	75000 e superior	16	3.2
	Total	500	100

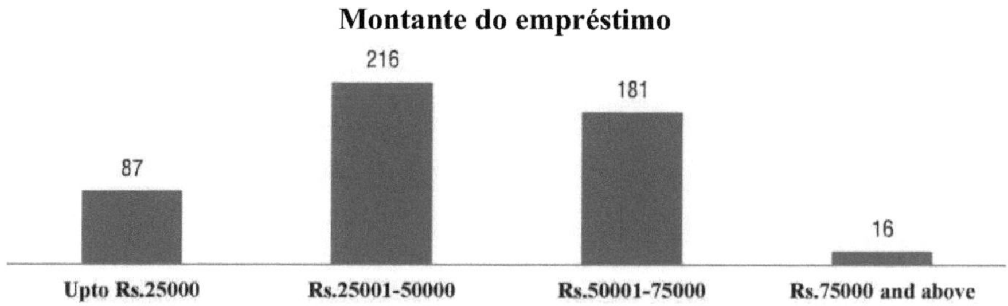

Sr.No.	Observado N	Esperado N	Residual
1	87	125.0	-38.0
2	216	125.0	91.0
3	181	125.0	56.0
4	16	125.0	-109.0
Total	500		

O valor de tabela de χ^2 para 3 graus de liberdade a um nível de significância de 0,05 é 7,815. O valor calculado de χ^2 é 1,979, que é inferior ao valor da tabela.

Por conseguinte, as conclusões estatísticas mostram claramente que não existe uma diferença significativa no montante do empréstimo dos inquiridos.

Motivo do empréstimo

Os membros do GAA utilizam o empréstimo para fins produtivos que incluem actividades de geração de rendimentos, criação de activos e produção. O dinheiro também é emprestado para fins de consumo, como festivais, cerimónias, despesas de saúde, empréstimos para colheitas, reparações domésticas, pequenos negócios de dinheiro, etc. A tabela seguinte mostra claramente que a maioria dos membros do SHG utilizou o montante do empréstimo para fins produtivos. Isto mostra que os membros estão devidamente conscientes da filosofia do SHG.

Quadro n.º 3.8

Sr.No.	Distribuição do empréstimo	Total	% de inquiridos
1	Despesas de colheita	17	3.4
2	Desenvolvimento de terrenos	2	0.4
3	Pequenas irrigações e reparações	3	0.6
4	Compra de gado/aves	15	3
5	Empresas e prestadores de serviços	228	45.6
6	Festivais/cerimónias	57	11.4
7	Despesas de saúde	73	14.6
8	Reparações domésticas	69	13.8
9	Negócio de caixa pequeno	36	7.2
	Total	500	100

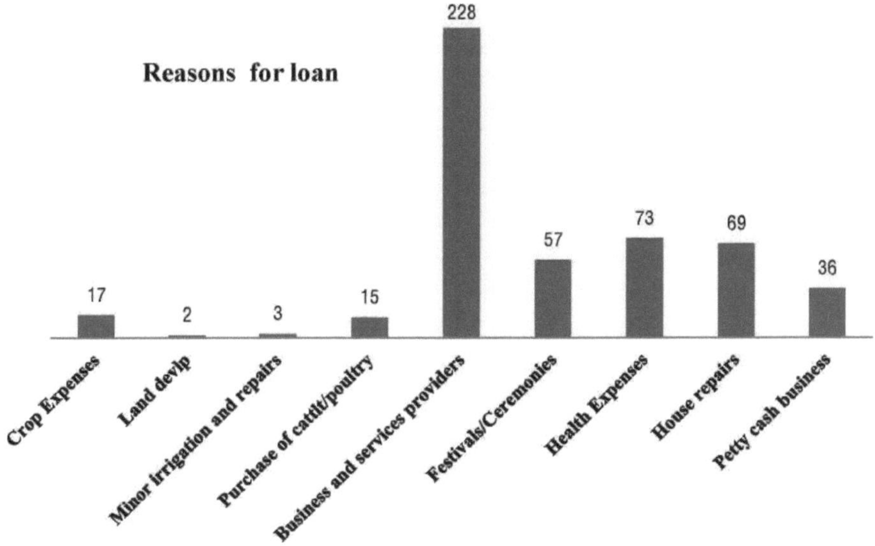

Sr.No.	Observado N	Esperado N	Residual
1	17	55.6	-38.6
2	2	55.6	-53.6
3	3	55.6	-52.6
4	15	55.6	-40.6
5	228	55.6	172.4
6	57	55.6	1.4
7	73	55.6	17.4
8	69	55.6	13.4
9	36	55.6	-19.6
Total	500		

O valor de tabela de χ^2 para 8 graus de liberdade a um nível de significância de 0,05 é 15,507. O valor calculado de χ^2 é 7,086, que é inferior ao valor da tabela. Por conseguinte, as conclusões estatísticas mostram claramente que não existe uma diferença significativa entre os motivos que levam os inquiridos a contrair empréstimos.

Regularidade do reembolso

O êxito do GAA depende do reembolso regular e pontual do empréstimo. A regularidade no reembolso mostra a utilização correta e prudente do montante do empréstimo recebido pelos membros. O não cumprimento dos reembolsos de

A dívida pode tornar os membros insolventes e afetar a credibilidade. A fim de evitar tais situações, os membros empreendem de forma eficiente e eficaz actividades produtivas que ajudarão a superar a pobreza.

Quadro n.º 3,9

Sr.No.	Reembolso	Total	% de inquiridos
1	Reembolso regular	394	78.8
2	Reembolso irregular	63	12.6
3	Atraso no reembolso regular	43	8.6
Total		500	100

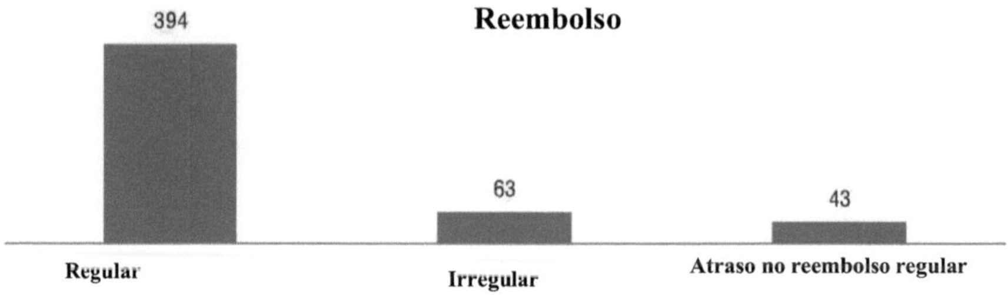

Sr.No.	Observado N	Esperado N	Residual
1	394	166.7	227.3
2	63	166.7	-103.7
3	43	166.7	-123.7
Total	500		

O valor de tabela de χ^2 para 2 graus de liberdade a um nível de significância de 0,05 é 5,991. O valor calculado de χ^2 é 4,660, que é inferior ao valor da tabela. Por conseguinte, é evidente, a partir da conclusão estatística, que não existe uma diferença significativa no plano de reembolso dos inquiridos.

Ação por atraso no pagamento

Sempre que o dinheiro é emprestado, é-o com a expetativa de que será devolvido. Em caso de atraso no pagamento do empréstimo, o SHG adoptará as medidas necessárias para o recuperar. Todos os mutuários têm a oportunidade de se queixar de qualquer dificuldade

O grupo de trabalho é responsável pelo pagamento das prestações e pela escolha de uma opção para reestruturar a sua dívida, a fim de permitir um processo de reembolso sem problemas. O acompanhamento do GAA começa assim que um único pagamento é interrompido. Mas os procedimentos posteriores dependem da abordagem do membro à questão e das suas circunstâncias actuais. Há situações como a morte, a doença, a redução do emprego ou acidentes que podem quebrar involuntariamente os reembolsos. Nestes casos, os GAA dão férias justificadas aos membros. No caso dos GAA, os dados que se seguem mostram que a maioria dos casos de incumprimento/atraso no reembolso são resolvidos através da aplicação de sanções financeiras.

Quadro n.º 3.10

Sr.No.	Ação por incumprimento do reembolso	% de inquiridos
1	Sanção financeira	77.6
2	Ação não financeira	22.4
Total		100

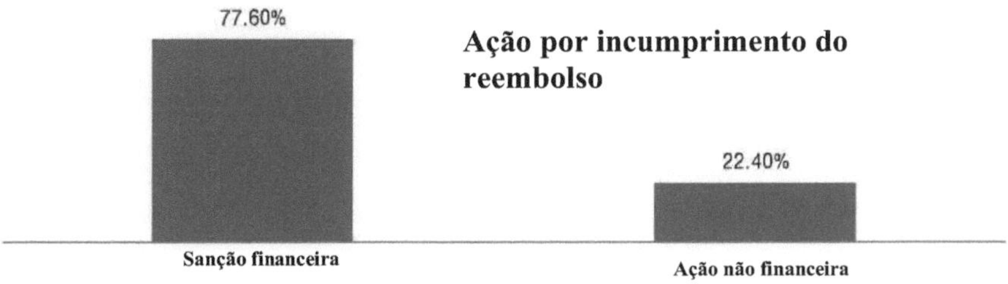

Sr.No.	Observado N	Esperado N	Residual
1	388	250.0	138.0
2	112	250.0	-138.0
Total	500		

O valor de tabela de %2 para 1 grau de liberdade ao nível de significância de 0,05 é 3,841. O valor calculado de %2 é 1,524, que é inferior ao valor da tabela. Por conseguinte, as conclusões estatísticas mostram claramente que não existe uma diferença significativa nas medidas tomadas contra os inquiridos por incumprimento do reembolso.

CAPÍTULO IV

GÉNERO

Quando as mulheres não são envolvidas no processo de tomada de decisões, o seu papel é muito reduzido nos assuntos públicos. É comum observar que quando as mulheres são apoiadas e capacitadas, não só a sua família beneficia, mas toda a comunidade beneficia com isso. O SHG ajuda a reforçar as capacidades das mulheres, dando-lhes a oportunidade de exprimirem a sua voz e envolvendo-as gradualmente na tomada de decisões, o que lhes permite exprimir as suas opiniões nas reuniões e tornarem-se participantes activas no processo de desenvolvimento. Atualmente, assumem um papel de activistas e de defensoras, abordando questões de género e de desenvolvimento comunitário. Todos estes esforços do SHG provocaram, cumulativamente, uma mudança de perceção na forma como as mulheres encaram as suas famílias e comunidades.

Capacidade de se deslocar ao banco para efetuar transacções

As mudanças nos traços individuais, competências e atributos são parâmetros vitais para analisar as mudanças de comportamento. Observou-se que os membros do GAA ganharam auto-confiança e ocorreram certas mudanças na personalidade das mulheres membros. Desenvolveram novos atributos positivos, competências interpessoais e afastaram-se da ortodoxia social. Os membros do GAA são capazes de comunicar eficazmente em todas as situações, tempo e lugar. A maior parte delas consegue efetuar transacções bancárias, o que é indicativo da confiança renovada que lhes foi incutida pelo GAA.

Quadro n.º 4,1

Sr.No.	**Capacidade de se deslocar ao banco para efetuar transacções**	**Total**	**% de inquiridos**
1	Independentemente	341	68.2
2	Apoio aos amigos	83	16.6
3	incapaz	76	15.2
Total		500	100

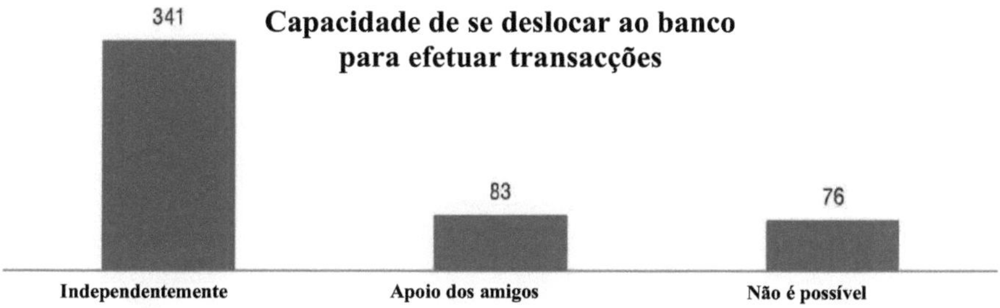

Sr.No.	Observado N	Esperado N	Residual
1	341	166.7	174.3
2	83	166.7	-83.7
3	76	166.7	-90.7
Total	500		

O valor de tabela de χ^2 para 2 graus de liberdade a um nível de significância de 0,05 é 5,991. O valor calculado de χ^2 é 273,676, que é superior ao valor da tabela. Por conseguinte, é evidente, a partir da conclusão estatística, que existe uma diferença significativa na capacidade do inquirido para visitar o banco para efetuar transacções.

Tomada de decisões do agregado familiar

As mulheres estereotipadas convencionais das décadas anteriores estão a dar lugar a uma mulher mais independente e socialmente mais bem posicionada. Esta tendência e transformação devem-se ao envolvimento dinâmico do grupo nas comunidades e à interação contextual daí resultante. A tomada de decisões domésticas é uma área que afecta a harmonia na vida familiar e é também indicativa da posição de que as mulheres gozam. Os inquiridos mencionaram claramente que são parceiros mais ou menos iguais na tomada de decisões e aceitaram que as esposas contribuíram substancialmente para o progresso e o desenvolvimento da família e que a sua opinião já não é ignorada no processo de tomada de decisões da família.

Quadro n.º 4,2

Sr.No.	Tomada de decisões do agregado familiar	Total	% de inquirido
1	Independentemente do marido	170	34
2	Independentemente da mulher	105	21
3	Tanto do marido como da mulher	225	45
Total	500	100	

Tomada de decisões do agregado familiar

Sr.No.	Observado N	Esperado N	Residual
1	170	166.7	3.3
2	105	166.7	-61.7
3	225	166.7	58.3
Total	500		

O valor de tabela de χ^2 para 2 graus de liberdade a um nível de significância de 0,05 é 5,991. O valor calculado de χ^2 é 43,300, que é mais do que o valor da tabela. Por conseguinte, é evidente, a partir da conclusão estatística, que existe uma diferença significativa na tomada de decisões domésticas dos inquiridos.

Sensibilização para os regimes governamentais

O quadro seguinte indica que o conhecimento dos inquiridos sobre os regimes governamentais não é encorajador. As mulheres pobres continuam a ser privadas de conhecimentos sobre os vários programas que lhes são efetivamente destinados. Alguns esquemas como Swarna Jayanti Gram Swarojgar Yojana, Jawahar Gram samruddhi Yojana, etc. são conhecidos pelos inquiridos, mas há uma necessidade urgente de publicitar e criar consciência entre as mulheres membros do SHG.

Quadro n.º 4,3

Sr.No.	Sensibilização sobre governo regimes	Total	% de inquiridos
1	Plenamente consciente	117	23.4
2	Parcialmente consciente	279	55.8
3	Desconhecido	104	20.8
Total		500	100

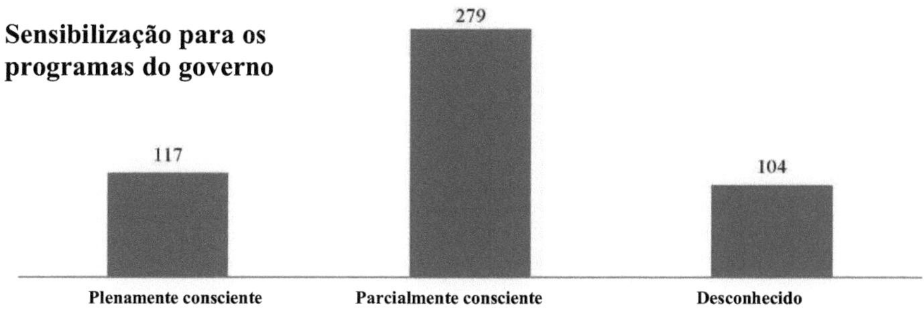

Sr.No.	Observado N	Esperado N	Residual
1	117	166.7	-49.7
2	279	166.7	112.3
3	104	166.7	-62.7
Total	500		

O valor da tabela de χ^2 para 2 graus de liberdade a um nível de significância de 0,05 é

5.991. O valor calculado de χ^2 é 114,076, que é superior ao valor da tabela. Por conseguinte, as conclusões estatísticas mostram claramente que existe uma diferença significativa na sensibilização para os regimes governamentais.

Participação em eventos de ação/organização colectiva

Os grupos de autoajuda deram às mulheres uma oportunidade, anteriormente não disponível, de se reunirem, discutirem e abordarem questões, organizando campanhas de sensibilização e empreendendo acções colectivas para corrigir as desigualdades de género, os problemas sociais, etc. Verificou-se que organizaram *Jayantis* de líderes nacionais e celebraram festivais coletivamente.

Quadro n.º 4.4

Sr.No.	Participação em acções colectivas/ organização de eventos	Total	% de inquiridos
1	Sempre	463	92.6
2	Nunca	18	3.6
3	Por vezes	19	3.8
Total		500	100

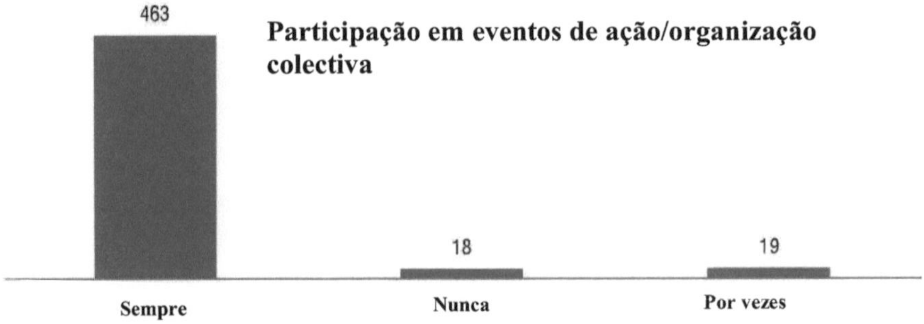

Sr.No.	Observado N	Esperado N	Residual
1	463	166.7	296.3
2	18	166.7	-148.7
3	19	166.7	-147.7
Total	500		

O valor de tabela de χ^2 para 2 graus de liberdade a um nível de significância de 0,05 é 5,991. O valor calculado de χ^2 é 790,324, que é mais do que o valor da tabela. Por conseguinte, é evidente, a partir da conclusão estatística, que existe uma diferença significativa na participação dos inquiridos em acções colectivas/eventos de organização.

Conhecimento e adoção de métodos de planeamento familiar

Os baixos níveis de literacia feminina e a falta de disponibilidade generalizada de métodos de controlo da natalidade estão a dificultar a utilização da contraceção na Índia. O estudo realizado por B.M. Ramesh, S.C. Gulati, R.D. Retherford, "Contraceptive use in India, 1992-93", National Family Health Survey Subject Reports, Número 2, outubro de 1996 (Instituto Internacional de Ciências da População), refere igualmente que a grande maioria das indianas casadas (76% num estudo de 2009) referiu problemas significativos no acesso a uma escolha de métodos contraceptivos, tal como mencionado no relatório publicado pelo Department of Family and

Saúde Comunitária, Organização Mundial de Saúde . As respostas estão tabuladas da seguinte forma quando os inquiridos foram questionados sobre o conhecimento e a adoção de de planeamento familiar

Quadro n.º 4,5

Sr.No.	Conhecimento e adoção de métodos de planeamento familiar	Total	% de inquiridos
1	Sim	416	83.2
2	Não	84	16.8
Total		500	100

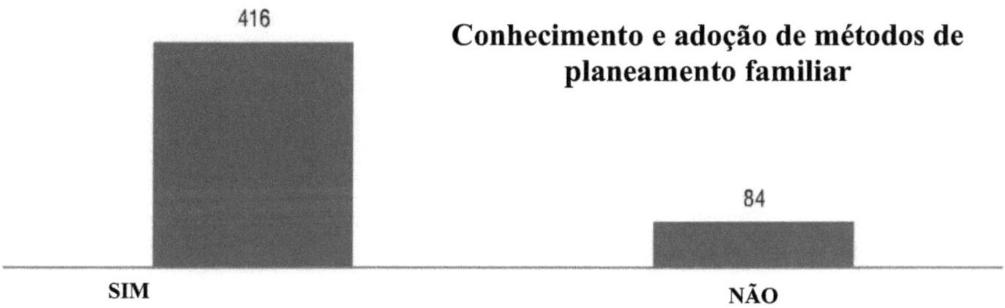

Sr.No.	Observado N	Esperado N	Residual
1	406	250.0	156.0
2	94	250.0	-156.0
Total	500		

O valor de tabela de χ^2 para 1 grau de liberdade a um nível de significância de 0,05 é 3,841. O valor calculado de χ^2 é 194,688, que é mais do que o valor da tabela. Por conseguinte, é evidente, a partir da conclusão estatística, que existe uma diferença significativa no conhecimento do inquirido e na adoção de métodos de planeamento familiar.

Contribuição e sensibilização para as questões de género

Os grupos de autoajuda deram às mulheres uma oportunidade anteriormente não disponível de se reunirem e discutirem questões sociais na sua comunidade, tais como violência doméstica, casamento e educação das raparigas, muitas delas foram/são as principais vítimas do álcool, que consome o rendimento familiar arduamente ganho. Na campanha contra os inconvenientes da bebida alcoólica, as mulheres membros estão a desempenhar um papel importante, fazendo uma forte campanha contra a sua abolição. O papel de defesa e de sensibilização desempenhado nas questões de género é apresentado a seguir.

Quadro n.º 4,6

Sr.No.	Contribuição e sensibilização para as questões de género	% Respondente
1	Idade de casamento das raparigas	100
2	Educação das raparigas	91
3	Erradicação de bebidas alcoólicas ilícitas na aldeia	79
4	Saúde e higiene pessoal	87
5	Defecação ao ar livre	62
6	A provocação de Eva	68

Contribuição e sensibilização para as questões de género

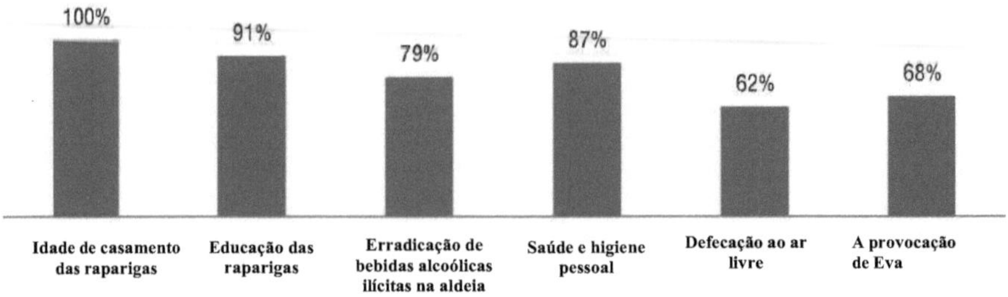

Sr.No.	Observado N	Esperado N	Residual
1	100	81.2	18.8
2	91	81.2	9.8
3	79	81.2	-2.2
4	87	81.2	5.8
5	62	81.2	-19.2
6	68	81.2	-13.2
	500		

O valor da tabela de χ^2 para 5 graus de liberdade a um nível de significância de 0,05 é 11.070. O valor calculado de χ^2 é 12,700, que é superior ao valor da tabela.

Por conseguinte, os resultados estatísticos mostram claramente que existe uma diferença significativa entre a contribuição e a sensibilização dos inquiridos para as questões de género.

Estatísticas de teste

Área de investigação	Q.No.	Valor de tabela / valor contabilístico Ao nível de significância de 0,05	Qui-quadrado	Grau de liberdade (Df)	Significância assintótica (Sig. Assint.)	Observação
ALCANCE	2.1	12.592	2.315	6	.000	Insignificante
	2.2	7.815	8.420	3	.000	Significativo
	2.3	7.815	4.440	3	.000	Insignificante
	2.4	9.488	7.029	4	.000	Insignificante
	2.5	7.815	77.008	3	.000	Significativo
	2.6	11.070	3.652	5	.000	Insignificante
	2.7	5.991	1.936	2	.000	Insignificante
	2.8	9.488	5.850	4	.000	Insignificante
	2.9	7.815	3.548	3	.000	Insignificante
	2.10	9.488	6.240	4	.000	Insignificante
ECOLOGIA	3.1	5.991	2.432	2	.000	Insignificante
	3.2	5.991	69.568	2	.000	Significativo
	3.3	7.815	15.008	3	.002	Significativo
	3.4	11.070	39.016	5	.000	Significativo
	3.5	9.488	57.860	4	.000	Significativo
	3.6	7.815	1.805	3	.000	Insignificante
	3.7	7.815	1.979	3	.000	Insignificante
	3.8	15.507	7.086	8	.000	Insignificante
	3.9	5.991	4.660	2	.000	Insignificante
	3.10	3.841	1.524	1	.000	Insignificante
GÉNERO	4.1	5.991	273.676	2	.000	Significativo
	4.2	5.991	43.300	2	.000	Significativo
	4.3	5.991	114.076	2	.000	Significativo
	4.4	5.991	790.324	2	.000	Significativo
	4.5	3.841	194.688	1	.000	Significativo
	4.6	11.070	12.700	5	.026	Significativo

CONCLUSÃO

Este capítulo baseia-se na análise da recolha de dados primários e secundários efectuada para o estudo de investigação. Este capítulo também recorre às opiniões das partes interessadas dos GAA.

De acordo com um inquérito publicado na edição especial de dezembro de 2007 sobre o microcrédito da revista *Yojana*, uma publicação do Governo de Maharashtra, existem atualmente 30 lakh grupos de autoajuda na Índia, com um volume de negócios de cerca de 18 000 milhões de rupias e quase 45 lakh mulheres membros. Por seu turno, *Lokrajya*, outra publicação do Governo de Maharashtra, na sua edição de março de 2008, indica que o número de grupos de autoajuda em Maharashtra é de 400671. O documento de referência da NAABARD de 2005-06 apresenta o número e a percentagem de SHG por divisão em Maharashtra. São elas Konkan 4885 (5,08), Western Maharashtra 21924 (22,79), Vidharba 53620 (55,73) e Marathwada com 15778 (16,40). Na divisão de Marathwada, a participação e o desenvolvimento de SHG nos distritos de Aurangabad, Nanded, Jalna e Latur são notáveis. Globalmente, regista-se um aumento gradual do número de SHG em Marathwada. Em Maharashtra, os GAA ligados à poupança são mais procurados e os bancos promoveram a maioria dos GAA.

O resultado da análise pode ser resumido da seguinte forma

- Mais de 70% dos GAA têm 14 a 16 membros.
- Cerca de 80% dos membros do GAA são casados.
- 60% dos membros do GAA são neo-budistas e 30% são hindus.
- Quase 85% dos membros do GAA pertencem a uma secção socialmente desfavorecida de castas classificadas, outras castas atrasadas, tribos *Vimukta jatiI* denotificadas e tribos nómadas (VJNT) e tribos classificadas.
- Mais de 75% dos membros do GAA são alfabetizados.
- Embora a situação profissional das mulheres tenha melhorado, ainda há

muito trabalho a fazer neste domínio.

- As condições de vida satisfatórias são determinadas pelo número de divisões da habitação. Os dados são encorajadores: 46% vivem numa casa com 1 a 2 divisões e quase 50% vivem numa casa com 3 a 4 divisões.
- 76% dos membros do GAA poupam até Rs.200/mês.
- Quase 80% dos membros pediram emprestado um montante entre Rs.25000 e Rs.75000. Isto indica a capacidade financeira e a capacidade de reembolso dos membros. É sugestivo de bons rendimentos e desenvolvimento.
- A distribuição do empréstimo bancário foi utilizada por 53% dos membros do GAA para despesas produtivas e por 47% para fins de consumo.
- Os dados sobre o reembolso dos empréstimos dos membros do GAA revelam que 87% dos empréstimos são reembolsados, enquanto 12,6% são reembolsados de forma irregular, mas observou-se que a razão é justificável. Foi também observado durante as interações que a razão para o problema do reembolso é a falta de coordenação dos gestores bancários com os GAA e o absentismo dos membros dos empréstimos que não participam nas reuniões mensais.
- Em quase 78% dos casos, as medidas tomadas em caso de incumprimento do reembolso foram positivas.
- A orientação dos membros do GAA em relação à participação política é encorajadora, com cerca de 63% a favor da participação dos membros do GAA na política, quase 29% indecisos e 7,4% contra.
- A natureza da participação política dos membros foi avaliada, sendo encorajador o facto de 100% dos membros do SHG votarem sempre nas eleições e de 48% dos membros terem concorrido às eleições como candidatos ou mesmo terem sido eleitos como membros dos órgãos locais.
- Cerca de 24% dos membros do GAA mostraram envolvimento nas instituições políticas locais.
- 65% dos membros do GAA participam em manifestações públicas.
- Quase 48% dos membros do GAA participaram em protestos para apoiar/

defender os direitos individuais.

- Mais de 60% dos membros do GAA estão preocupados com questões cívicas e contribuíram para o abastecimento de água potável, a remoção do lixo e a implementação adequada dos esquemas governamentais.
- Quase 70% dos membros do GAA esforçam-se por erradicar o dote, o infanticídio feminino e o feticídio feminino da sociedade

IMPACTO

O impacto dos SHGs no empoderamento das mulheres e na segurança social tem sido invariavelmente uma melhoria em relação ao status quo, mas há necessidade de apoio em várias áreas que são analisadas nesta investigação. De um modo geral, o estatuto das mulheres melhorou, uma vez que estas desenvolveram uma maior confiança, o que alterou a dinâmica dos géneros e o seu papel no agregado familiar. Na Índia, são evidentes as melhorias significativas nas taxas de fertilidade, na alfabetização feminina, na participação em programas de desenvolvimento e na independência económica. As mulheres são capazes de lutar pelos seus direitos e prerrogativas e emergiram como uma força a ter em conta. Além disso, os grupos de autoajuda estão a tornar-se mais do que simples intermediários financeiros, tendo-se transformado numa unidade mais política e social da sociedade. Mais importante ainda, a penetração do microfinanciamento junto dos mais pobres dos pobres é ainda fraca e necessita de um alcance mais alargado. A necessidade de uma estratégia de apoio coordenada e global é imperativa, uma vez que as questões de gestão financeira dos GAA devem ser abordadas, sob pena de os GAA ficarem sobrecarregados e insustentáveis. Os domínios não financeiros, como a segurança social e a dinâmica dos géneros, são igualmente afectados pelo movimento dos GAA.

Observou-se que, antes de aderir ao GAA, as mulheres dependiam inteiramente dos seus familiares para as actividades exteriores. Depois de aderirem ao GAA, conseguiram gerir a maior parte das actividades exteriores. Conseguiram ir a hospitais, bancos e até mesmo a lugares distantes de forma independente.

Todos os membros do grupo experimentaram invariavelmente uma mudança na atitude dos seus maridos e outros membros da família e sentiram-se relativamente relaxados da dominação depois de aderirem ao SHG. Elas disseram que antes eram maltratadas, abusadas verbalmente e até espancadas pelos maridos, mas depois de aderirem ao SHG, foram tratadas com respeito nas suas famílias. Poucas mulheres disseram que podiam falar contra qualquer mau tratamento da família contra elas.

Quase todos os membros do grupo opinaram que o seu envolvimento na tomada de decisões na família tinha melhorado. Ao contrário do que acontecia antes, depois de começarem a ganhar dinheiro, eram consultadas pelos maridos antes de tomarem qualquer decisão.

A capacidade de compra das mulheres aumentou indubitavelmente depois de aderirem ao GAA. Quase todos os membros que estavam a ganhar dinheiro no grupo estavam a comprar de forma independente as coisas necessárias para a casa e para os seus bens pessoais.

Depois de aderirem ao SHG, as mulheres puderam gastar dinheiro para satisfazer as necessidades da família. Conseguiram até gerir as poupanças regulares, decidindo as prioridades. Assim, em caso de necessidade, podiam contribuir com as suas poupanças, o que melhorava o seu estatuto e respeito nas famílias. Também obtiveram melhor cooperação e apoio da família para participar nas actividades do GAA.

Muitos membros disseram ter aberto contas de poupança no banco ou nos correios depois de aderirem ao SHG e estavam a poupar regularmente. Assim, puderam obter empréstimos contra as suas poupanças e utilizá-los em várias actividades geradoras de rendimentos, quer em grupo quer individualmente. Alguns membros investiram o dinheiro na construção de uma nova casa ou em ouro, pois pensavam que estes eram investimentos rentáveis a longo prazo.

Depois de aderirem ao GAA, o nível de consciencialização dos membros nos domínios político, educativo e jurídico aumentou. Estavam bem informados sobre os seus líderes locais e tinham alguns conhecimentos sobre os assuntos políticos da Nação. Conheciam até a idade legal para o casamento de rapazes e raparigas, as datas das eleições e os candidatos nomeados. Os membros sentiram que eram capazes de decidir independentemente em quem votar e eleger sem qualquer pressão da família. Até participavam em campanhas e protestos políticos.

Todos os membros do grupo sentiram que o SHG em si era muito prestigiado e que o facto de se juntarem a ele tinha melhorado o seu estatuto na sociedade. Só por isso, os líderes locais, os funcionários e outras pessoas da instituição se reuniam com eles para resolver quaisquer problemas locais.

Muitos membros sentiram que estavam mais confiantes depois de aderirem ao SHG e organizaram reuniões com os líderes, fazendo eles próprios todos os preparativos. Tinham-se tornado tão corajosos que, mesmo para pequenos problemas da comunidade, abordavam diretamente os funcionários superiores.

O ESQUEMA CONCLUSIVO

Os problemas da comunidade são de natureza sócio-económica. Só podem ser resolvidos através de grandes contribuições e da ação do Estado, que estão para além da capacidade do GAA. No que diz respeito aos males sociais e às questões cívicas, os GAA contribuem à sua maneira para refletir o seu impacto. No que diz respeito à capacidade de construção de liderança, muitos exemplos poderiam ser citados sobre a mobilização para uma causa ou ação. A perceção de uma organização baseada em mulheres que assume um papel de liderança para a melhoria de um bem maior tem um impacto monumental na comunidade local. É evidente, de acordo com as conclusões do estudo, particularmente nas áreas de independência desfrutada pelas mulheres membros, melhoria da vida familiar, participação na tomada de decisões, capacidade de compra, aumento do rendimento, poupança, consciência política e social, melhoria do estatuto social e qualidades de liderança. Ao fazê-lo, os GAA estão a assumir a sua quota-parte no reforço das comunidades [13].

REFERÊNCIAS

http://www.grameen-info.org/

www.nabard.org/english/home.aspx

Titus, M, "Costs, what do urban self-help groups tell us?", em Beyond Micro-credit, Putting development back into Micro-finance, Fisher T e Sriram MS, Vistaar Publications New Delhi, Oxfam, Oxford, 2002.

www.nabard.org

www.nabard.org

Singh, Kavaljit, Banking Setor Liberalization in India: Some Distributing Trends, ASED, 29 de agosto de 2005

http://www.grameen-info.org/

http://www.harambeeforkenya.org/

Lições globais para melhores hábitos de poupança Richard Sine http://www.marketwatch.com/

"Population by religious community - 2011", Censo da Índia de 2011, Gabinete do Conservador-Geral e Comissário do Censo.

http://mumbaicitysetu.org/castelist_maha.html

http://www.oecdbetterlifeindex.org/topics/housing/

http://kdbrkmvu.blogspot.com.uy/2015/01/cover-story-1-dipankar-chatterjee.html

BIBLIOGRAFIA

APMAS, (2005), "SHG Bank Linkage: A Study in Andhra Pradesh", Hyderabad, APMAS Publication Unit
APMAS, (2006), "A Study on Community Investment Fund (CIF) in Andhra Pradesh", não publicado
APMAS & CMF, (2006), "Quality Issues of Self Help Groups in Rajasthan", Jaipur, Centre for Microfinanciamento
EDA Rural Systems e APMAS, (2006), "Self Help Groups in India: A Study of the Lights and Shades", uma iniciativa conjunta da CARE, CRS, USAID e GTZ, Care India Publication
Prabhu Ghate, (2006), "Microfinance in India: A state of the sector report, 2006", Nova Deli, CARE, SDC e Fundação Ford
Nanda, Y. C. (1996), " Linkage Banking - An Update from India" (in) Kropp, Erhard and R. B. Linkage Banking in Asia, Bangkok, Asia Pacific Rural and Agricultural Credit Association
FIDA, Projeto de microfinanciamento do FIDA - Capítulo Índia, setembro de 2003
Kropp, Dr. Erhard W. & Suran, Dr. B.S., Linking Banks and (Financial) Self Help Groups inIndia - An Assessment, novembro de 2002
NABARD, modelo de ligação entre bancos e grupos de autossuficiência (SHG) Posição cumulativa até 31 de março de 2005
NABARD, Status ofMicro-Finance in India-2011-12.
Banco Central da Índia, Relatório do grupo interno para examinar questões relacionadas com o crédito rural e o microfinanciamento, julho de 2005
Singh, Kavaljit, Banking Setor Liberalization in India: Algumas tendências de distribuição, ASED, 29 de agosto de 2005
Abdul Raheem, aphyasmeen e solthana kissan (2007), World empowerment of women thought self help group a view sakthi sugans Ltd, Armendariz de Aghion .B, e J.Morduch, "Microfinance beyond GroupLending. "Economics ofTransitionvol.8 (2):401-420. 2000.
Bali Swain, R. Can Microfinance Empower Women? Self-Help Groups in India, Dialogue, n.º 37, ADA, Luxemburgo. . 2007.
Chakrabarti, R. "The India Microfinance Experience: Accomplishments and Challenges". Em B. Debroy e A. U. Khan, eds., Integrating the Rural Poor into Markets. Fundação Académica, Nova Deli. 2004.
Groups in India: A Gender Perspective" Asian Development Review, Vol.-27(1), pp80-103. Publishers and Distributers, Nova Deli
Karmakar, K.G. 'Rural Credit and Self-Help Groups: Micro-finance needs and concepts in India", Sage Publications, Vol No.7, 1999.
NABARD (2010) "Status of Micro Finance in India 2009-10".
NABARDReport2005-2008,
Nair, A. Sustainability of Microfinance Self Help Groups in India (Sustentabilidade dos grupos de autoajuda de microfinanciamento na Índia): Would Federate Help? World Bank Policy Research Working Paper 3516, fevereiro, 2005.
Prahalad C.K, 'The Fortune at the Bottom of the Pyramid', Wharton School Publishing. 2005.
Ritu Jain, (2003), "Socio-Economic Impactthrough Self Help Groups", Yojana, 47(7), pp.11-12
NABARD, gtz e SDC 2006: Towards a Sustainable mF Outreach in India: Experiences and Perspectives, Nova Deli, NABARD, gtz e SDC.
Ligação entre bancos e grupos de autoajuda (financeira) na Índia - Uma avaliação pelo Dr. Erhard. W. Kropp e Dr. B. S. Suran
Banca com os pobres - a experiência do Nabard - Ranjana Kumar
Impacto da Microfinance Linkage Banking na Índia sobre os Objectivos de Desenvolvimento do Milénio (ODM) Wolfgang Hannover, maio de 2005
Women's Self-Help Groups in Andhra Pradesh - Participatory Poverty Alleviation in Action , Dr. Joy Deshmukh-Ranadive SeniorFellow, Centre forWomen's Development Studies, 2004
Microfinance, Self-Help Groups and Empowerment in Maharashtra Raghav Gaiha, Department of Economics, University ofRome "Tor vergata" & Mani Arul Nandhi, Jesus and Mary College, University of Delhi (Esta é uma versão condensada de um estudo patrocinado pela Asia and Pacific Division of International Fund for Agricultural Development, Roma). novembro de 2005
SHG-Bank Linkage Programme for Rural Poor - An Impact Assessment; por V. Puhazhendi e K. C. Badatya; Comunicação apresentada no Seminário sobre o Programa de Ligação SHG-Banco em Nova Deli, em 25 e 26 de novembro de 2002
Promotion of Self Help Groups under the SHG Bank Linkage Programme in India, por Malcolm Harper; Comunicação apresentada no Seminário sobre o Programa de Ligação entre Bancos e Grupos de Auto-Ajuda, realizado em Nova Deli em 25 e 26 de novembro de 2002
http://archive.indianexpress.com/news/selfhelp-groups-new-vehicle-for-political-outreach/526419/0

http://shggateway.in/
https://www.wikipedia.org/
www.thehindu.com/news/.../fall-in shgs...reembolso. ../artigo625470.ece
https://www.nabard.org/
http://planningcommission.nic.in/
http://www.data.gov.in/
https://www.maharashtra.gov.in/

MIX
Papier aus verantwortungsvollen Quellen
Paper from responsible sources
FSC® C105338

Printed by Books on Demand GmbH, Norderstedt / Germany